Couverture inférieure manquante

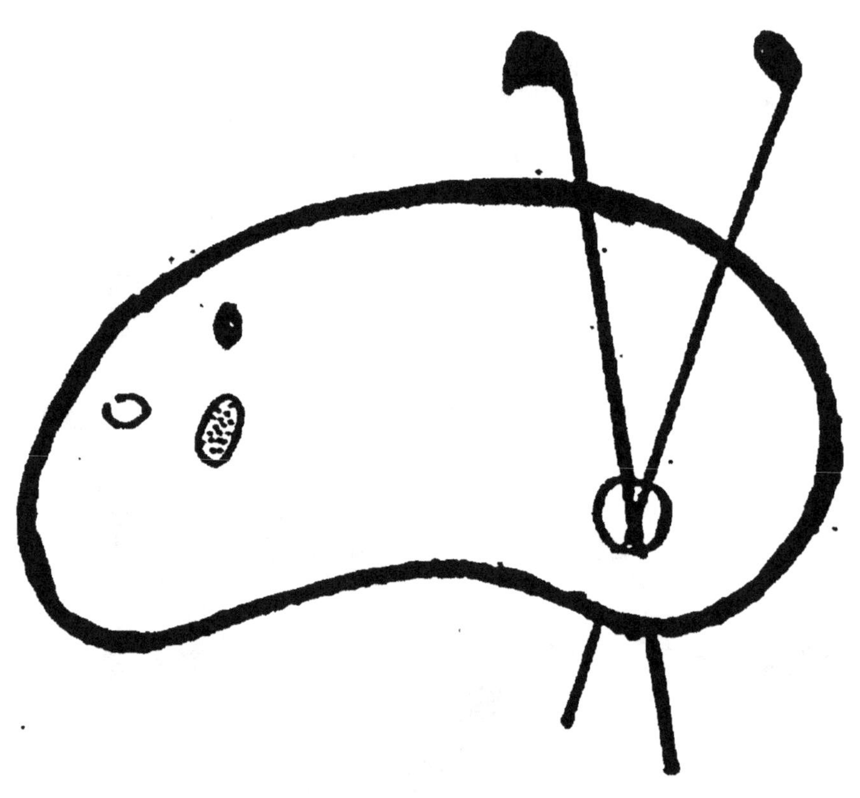

DEBUT D'UNE SERIE DE DOCUMENTS
EN COULEUR

Couverture inférieure manquante

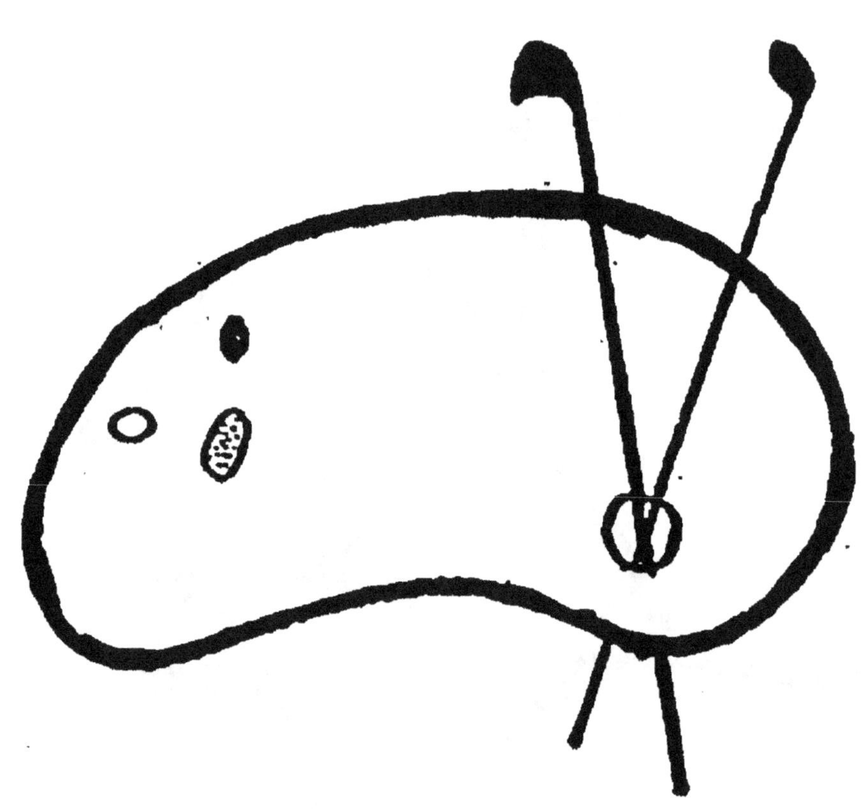

DEBUT D'UNE SERIE DE DOCUMENTS
EN COULEUR

ELECTIONS

DU 4 OCTOBRE 1885

LA POLITIQUE DES 363
SES RÉSULTATS

PAR

P.-L. TARGET
Ancien Député

LETTRE DE M. VACHEROT
De l'Institut

PRIX : 50 CENTIMES

PARIS
E. DENTU, LIBRAIRE-ÉDITEUR
PALAIS-ROYAL, 15-17-19, GALERIE D'ORLÉANS

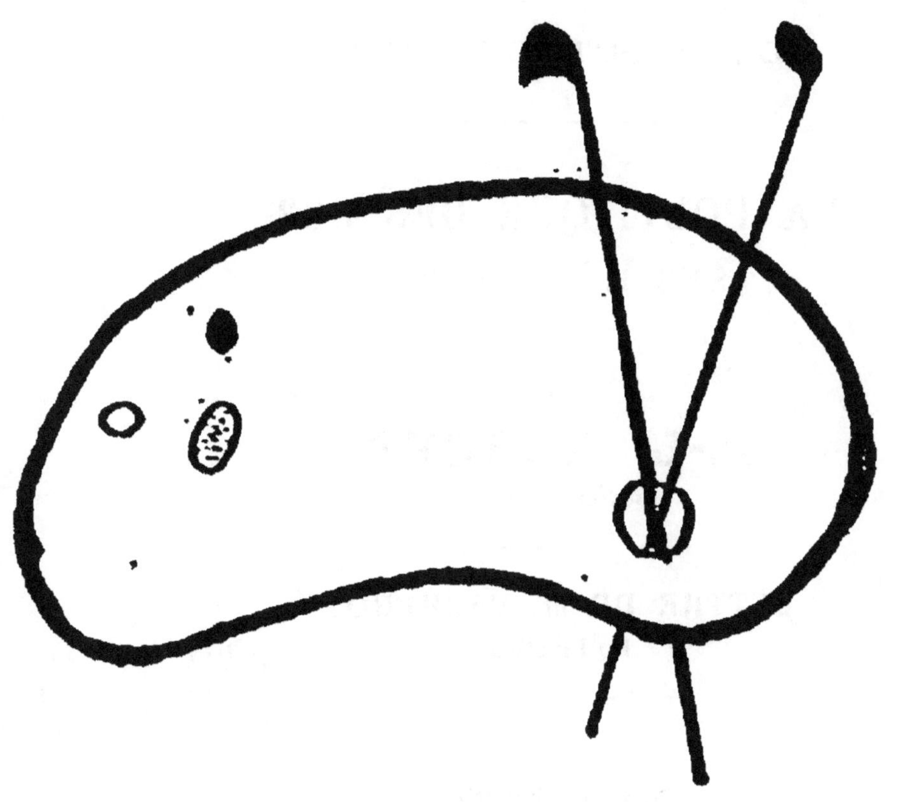

FIN D'UNE SERIE DE DOCUMENTS
EN COULEUR

ELECTIONS

DU 4 OCTOBRE 1885

LA POLITIQUE DES 363
SES RÉSULTATS

PAR

P.-L. TARGET
Ancien Député

LETTRE DE M. VACHEROT
De l'Institut

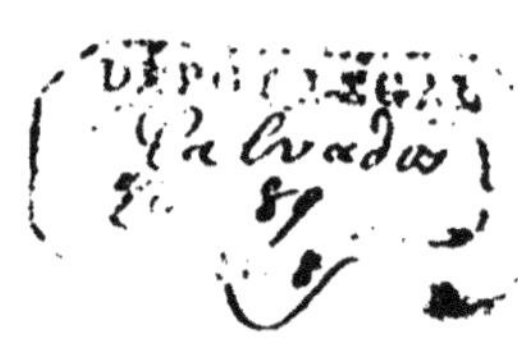

PRIX : 50 CENTIMES

PARIS
E. DENTU, LIBRAIRE-ÉDITEUR
PALAIS-ROYAL, 15-17-19, GALERIE D'ORLÉANS

Lisieux, 1er Août 1885.

Vous me demandez, Messieurs, de résumer quelques idées que je vous exposais, dernièrement, sur les devoirs des conservateurs à l'heure présente.

J'espérais vous avoir démontré que ma vie solitaire, depuis le jour où j'ai été frappé dans la plus chère de mes affections, me permettait, moins qu'en 1881, d'intervenir dans la polémique que provoquent les prochaines élections. Vous persistez à penser qu'à la veille de la lutte, je dois vaincre mes répugnances : en soldat discipliné, je reprends ma place dans le rang, auprès de ceux qui sont résolus à faire un suprême appel au bon sens et surtout au sens moral du pays, en tirant leur dernière cartouche pour la défense des idées conservatrices et des principes religieux.

Ce qui me décide à me départir de cette abstention que, tout d'abord, vous trouviez, cependant, naturelle, c'est qu'il me semble urgent d'exposer en termes simples et précis, à ceux qui gagnent leur vie à la sueur de leur front, quels usages leurs élus ont fait de leur mandat.

Je vous livre ma prose ; à vous d'apprécier si elle mérite d'être publiée.....

Agréez, etc..,

P.-L. TARGET,
ancien Député.

Paris, 4 Août 1885

CHER ANCIEN COLLÈGUE

Je viens de la lire, cette prose si nette et si claire, que le patriotisme rend éloquente. Je ne doute pas que vos lecteurs ne la trouvent digne de la publicité

Il était temps de rendre justice à cette assemblée de patriotes dont vous avez été un des membres les plus actifs et les plus dévoués : ne pouvant faire une monarchie parlementaire, elle a voulu fonder une République conservatrice et libérale, gardienne de nos libertés et de nos plus grands intérêts, une république, qui fût, comme l'a dit Thiers, le gouvernement qui nous divise le moins et qui, par une politique d'union, de paix sociale, d'économie, de sage abstention et de recueillement de réorganisation administrative, financière et militaire permit à la *noble blessée* de se relever et de prendre son rang à côté des grandes nations de l'Europe et du monde.

Comme vous le montrez si bien, c'est la politique contraire qui a prévalu depuis que les conservateurs ont quitté le pouvoir. Entre les mains de leurs successeurs, la république est devenue le gouvernement qui nous divise le plus, qui nous relève le moins, qui dépense le plus, qui engage le plus en des aventures, sans gloire et sans profit, des forces et des ressources dont nous pouvons avoir besoin un jour pour défendre nos frontières et notre honneur.

Votre tableau de notre situation financière est saisissant. Votre explication de notre situation industrielle, agricole et commerciale par la politique néfaste suivie depuis la victoire électorale des 363 est l'évidence même. Vous avez fait la lumière sur tout ce qui intéresse les électeurs : ils n'ont qu'à y regarder pour y voir clair.

Agréez, mon cher confrère, l'assurance de mes sentiments de grande estime et de vive sympathie.

E. VACHEROT.
de l'Institut.

I

Le bilan des mesures législatives prises par les deux dernières législatures peut se résumer ainsi : désorganisation financière, aventures coloniales, violences politiques, mesures anti-religieuses et, pour compléter cette œuvre néfaste, une loi militaire, votée par la Chambre des Députés, *dont les journaux allemands recommandent l'adoption au Sénat.*

En quel état était la France lorsque le Suffrage universel a donné le pouvoir aux républicains — de la veille ou du lendemain ?

Comment la majorité des 363, a-t-elle rempli son mandat ?

Quel a été le résultat de la politique à laquelle elle s'est associée ?

A l'œuvre, dit le proverbe, on reconnait l'artisan : et quand elle est mauvaise, que conseillent l'intérêt et le bon sens? — D'en changer, si je ne me trompe.

Cette étude, quoique rétrospective, semblera, peut-être, opportune à la veille du jour où le pays est appelé à conserver ses mandataires actuels, ou à répudier la majorité du déficit, de la persécution religieuse et du Tonkin.

Qu'ont donc fait de la France les hommes qui la gouvernent depuis neuf ans? Leur œuvre peut être appréciée dans son ensemble, car ils ont eu, pour appliquer leurs principes et suivre leur politique, le temps et les circonstances favorables ; et si leur omnipotence doit continuer, le passé nous indique exactement quel avenir nous est réservé.

Quelle a donc été cette œuvre et quelle a été celle de l'Assemblée nationale ?

Au mois de Février 1871, l'Assemblée réunie à Bordeaux, s'était trouvée en présence d'une situation telle que notre histoire n'en offre pas d'autre exemple. A la suite des désastres effroyables de la guerre de 1870, tout était détruit ; les finances, l'armée, l'administration ; et, ce qui est pis encore, la France était sans gouvernement.

Le patriotisme de l'Assemblée, sut être à la hauteur de sa mission ; elle ne fléchit pas sous le poids de la tâche ; tout était à refaire, et, en cinq ans, tout fut refait.

Quand on veut se rendre un compte exact de la situation d'un pays, de sa prospérité, de son crédit, des difficultés qui arrêtent, des chances qui favorisent l'action de son gouvernement, une même indication peut mettre sur la trace de tout ce qu'il est besoin de savoir : que l'on se rende un compte exact de l'état de ses finances et la lumière se fera sur tous les points. Or, voici les nécessités financières qui devaient rendre plus lourde et plus pénible la tâche imposée à l'Assemblée nationale.

La guerre avait imposé à nos finances une charge de près de dix milliards (9,820,613,000) qui se traduisait par une dette annuelle de 775 millions. — En y ajoutant la moins-value sur les recettes de 66,390,000 fr., qui résultait de la perte, à jamais inoubliable, de l'Alsace-Lorraine, le total des ressources indispensables atteignait près de 842 millions.

Et, pendant cette triste année, les impôts rentraient difficilement, et néanmoins il fallait assurer le service d'emprunts de guerre, contractés à de gros intérêts : le crédit et le salut de la France étaient à ce prix.

L'assemblée ne recula pas devant cet impérieux devoir : 500 millions d'impôts nouveaux furent immédiatement créés. Le pays supporta le faix sans plier, sans se plaindre, ne réclamant de ses mandataires que deux choses : l'équité et la prudence dans la répartition des charges nouvelles. — Pour obéir à ce vœu légitime, l'Assemblée s'appliqua à ménager les sources vives de la richesse publique ; aucune ne fut atteinte avec une rigueur qui eût été irréparable : la propriété foncière, en particulier, fut ménagée, parceque l'agriculture plus que toute autre branche du travail national est lente à réparer ses pertes, à refaire un capital perdu, à retrouver les instruments de sa production.

Les impôts de consommation avaient fourni la majeure

partie des ressources nouvelles. La production, tout d'abord légèrement atteinte, reprit bientôt son essor ; avec elle et par elle, se développa la richesse publique, et le retour de cette prospérité se fit sentir dans les finances de l'Etat. Il est vrai qu'alors le souci de l'économie dans les dépenses publiques était rigoureux, et se révélait dans les moindres détails.

C'est ainsi que de 1871 à 1875, on réalisa sur les divers ministères une économie annuelle de huit millions et demi (8,470,455) et sur la perception des impôts directs, une économie d'environ un million.

Malgré une vigilance si minutieuse, les dépenses s'étaient élevées jusqu'à des chiffres qui paraissaient alors énormes : en 1871, elles avaient dépassé trois milliards et dans les années suivantes, elles atteignirent encore,

en 1872	2,334,760,000
1873	2,374,804,000
1874	2,532,690,000
1875	2,584,453,000

mais tel était l'ordre qui présidait à l'administration financière, tels étaient aussi l'élan du travail, l'ardeur de vie qui reprenaient la France, que l'assemblée reçut la récompense de sa prudence. Avant de se séparer, elle eut la légitime satisfaction de constater que les prévisions des recettes du budget de 1875 étaient toutes dépassées. Quoiqu'elle eût opéré pour 21 millions de dégrèvements, le budget se solda par un excédant considérable des recettes sur les dépenses.

Tels étaient les effets d'une administration financière qu'encourageait la confiance du pays, et qui s'était imposé pour principes la sagesse et la probité politiques.

Cependant de si merveilleux résultats ne rendaient pas orgueilleux les patriotes de l'assemblée nationale : loin de se laisser aveugler par la prospérité renaissante du pays et de se lancer dans des réformes précipitées, dans des transformations hazardeuses, ils ne cessèrent de proclamer la nécessité de la prudence et des économies. Leur dernières recommandations furent empreintes de cette sagesse patriotique ; en se séparant ils conseillèrent à ceux que l'avenir leur réservait pour successeurs, de marcher dans la voie qu'ils avaient ouverte, de ménager les ressources de la France, d'avoir pour but unique la réduction des charges qu'ils avaient dû lui imposer, de ne pas perdre de vue un instant la double nécessité de l'amortissement et des dégrèvements, et d'arriver ainsi par l'augmentation naturelle du crédit de la France, à constituer une réserve p ur toutes les éventualités de l'avenir.

En fait, et les chiffres valent mieux que des arguments, l'exercice de 1876 se solda par un excédant de 98 millions.

Le pays sait si ses mandataires actuels ont profité de cet enseignement.

L'un des économistes les plus compétents, M. Leroy-Beaulieu résumant, il y a peu de jours, les débats de la Chambre sur le budget, écrivait :

« La vérité est que depuis cinq à six ans, on a détruit tout notre mécanisme budgétaire. De cette législation si péniblement et si habilement formée de **1815** à **1848**, il ne reste presque plus rien. S'il fallait caractériser d'un mot les finances actuelles, on devrait dire qu'elles reproduisent tous les vices de l'ancien régime. Le budget n'existe plus.... Rien, à aucune époque, n'est comparable au désordre qui règne aujourd'hui... »

Avant d'entrer dans l'examen de notre situation financière actuelle, il est opportun de résumer l'histoire des années qui s'étendent du 8 février 1871 au 8 mars 1876. La paix conclue et le territoire délivré, l'insurrection la plus terrible vaincue sous les yeux mêmes de l'ennemi, le péril social éloigné, le crédit public rétabli, le travail national ranimé par la sécurité et la confiance, l'ordre succédant à la ruine dans les finances, la prospérité renaissante, la reconstitution de nos forces militaires entreprise : telle a été l'œuvre accomplie, en cinq ans, par l'Assemblée nationale.

Mais le patriotisme des élus du 8 février 1871 n'était pas seulement inspiré par l'intelligence et l'énergie ; il sut aller jusqu'au sacrifice. La France, remise à peine des douloureuses épreuves qu'elle avait traversées, redoutait par dessus tout l'agitation, et comme la majorité dans le pays, à en juger par les élections partielles de 1874 et 1875, semblait se rallier à la forme républicaine, les constituants abandonnèrent leurs préférences personnelles et concoururent au vote des institutions actuelles.

Certes, jamais essai ne fut plus loyal. Ceux qui ont reçu le pouvoir des mains de l'Assemblée nationale n'avaient qu'à continuer son administration, pour se faire bientôt honneur des résultats qu'elle avait préparés.

Ils n'ont pas su ou voulu suivre cette sage conduite, et en moins de dix ans, après avoir ébranlé les institutions les plus nécessaires et les plus respectables, rouvert le péril social, gaspillé nos finances, diminué le crédit public, ils ont fait disparaître la confiance avec la sécurité. Il y a longtemps déjà que M. Dufaure disait avec raison : « Lorsqu'un Etat laisse s'introduire le désordre dans ses finances, il est bientôt menacé par la révolution ou la conquête, et il est désarmé devant elles. » Revenons à des chiffres qui ne sauraient être contestés.

En 1876, après cinq années d'un gouvernement, auquel aucune difficulté n'a été épargnée, malgré l'agitation des partis, malgré la commune à l'intérieur et la menace de dangers extérieur, l'Assemblée laissait un budget s'élevant à 2,570,505,513 fr. et en fin d'exercice, ce budget se soldait par un excédant de 98 millions.

En 1885, après neuf années d'un gouvernement qui n'a rencontré aucun obstacle, à qui, selon l'expression du *Journal des Débats*, « la fortune avait mis toutes les cartes dans les mains » le parti au pouvoir, laisse la France en un déficit, prélude certain de la banqueroute, si le pays n'avise promptement.

Le budget s'élève à 3,022,385,377 fr.

Le déficit sur le budget de 1884 dépassera 300 millions et, cette année, 600 millions.

Et si, à ce budget ordinaire, on ajoute : le budget sur ressources extraordinaires 200 millions

Le budget sur ressources spéciales 470

Les budgets annexes 100

Les crédits supplémentaires et extraordinaires, qu'il est impossible d'évaluer :

On reconnait que la France supporte une charge

annuelle de plus de quatre milliards, dont n'approche le budget d'aucun autre peuple au monde.

Que les électeurs comparent 1876 et 1885; ils sont souverains; s'il se trouvent bien gouvernés, c'est leur affaire. Mais qu'ils ne se plaignent plus de la stagnation des transactions commerciales, de la diminution de leur revenu, et surtout de l'augmentation de leur charges.

II

Malgré l'aridité du sujet, il me semble, que je dois, avec plus de précision encore que dans les pages qui précèdent démontrer la lourde responsabilité des députés qui viennent de voter, au pas de course, le budget des dépenses de 1886. — On ne saurait expliquer cette fébrile précipitation que par l'intérêt qu'ont à la fois, le gouvernement et la majorité, à cacher jusqu'aux élections le triste état de nos finances.

J'ai dit, mais on ne saurait trop insister sur ce fait, que le budget de 1875 s'élevait à 2 milliards 570,000: et dans ce budget, il convient de le remarquer, les évaluations des dépenses avaient été si larges, et les prévisions de recettes si modérées, que la liquidation de l'exercice produisit un excédant de 98 millions.

Aujourd'hui le budget ordinaire s'élève à trois milliards 20 millions et dans ce budget, sciemment et de parti pris, les évaluations des dépenses ont été si affaiblies, les prévisions de recettes si exagérées, les artifices les plus trompeurs si souvent employés qu'un déficit de plus de 300 millions peut être prévu, dès à présent, pour les seules dépenses ordinaires. A ce déficit déjà considérable, il convient d'ajouter cinq ou six comptes spéciaux qui sont autant de budgets accessoires, que l'on ne pourra alimenter que par l'emprunt.

Ni les garanties d'intérêts dues aux chemins de fer, qui s'élèveront, cependant, en 1886, à plus de 70 millions, ni les dépenses du Tonkin et de Madagascar, qui dépasseront 100 millions, ni la réparation des navires avariés par les deux années passées, soit dans le golfe du Tonkin, soit à Madagascar, évaluée à plus de cent autres millions : (1) ni les millions que réclameront les caisses des maisons d'école et des chemins vicinaux ne sont compris dans les 3 milliards vingt millions que la Chambre vient de voter.

Nul ne peut, aujourd'hui, indiquer le total écrasant de tous ces comptes spéciaux et de ces multiples budgets annexes.

Revenons au budget ordinaire de 1886, et supposons le sincère. — Peut-on nier que, rapproché de celui de 1876, il accuse une augmentation annuelle de 150 millions, somme à peine inférieure à celle que l'Assemblée avait été contrainte d'imposer au pays pour réparer les désastres de la guerre. En d'autres termes, dix ans du régime actuel auront aggravé les charges des contribuables presque autant qu'une invasion terrible, suivie du démembrement de la France et d'une guerre civile! En veut on la preuve? Le tableau suivant la fournit. d'une manière irréfutable :

	1876	1885	Différence en plus
Finances	1,468,500,000	1,600,900,000	132,400,000
Intérieur	86.108,000	64,965.000	(2)
Guerre	500,037,000	582,888.000	82,851,000
Marine et Colonies	165.893.000	232,245,000	66.352,000

(1) Tous nos bâtiments ayant été envoyés en Chine et en revenant avariés, nous n'avons plus de marine... leurs machines sont usées, leurs chaudières ne valent plus rien : ce qui est certain, c'est que la réfection de notre flotte atteindra vraisemblablement le chiffre de 200 millions indiqué par M. R. Duval, lorsqu'il énumérait les frais que nous aura coûtés la conquête du Tonkin. (*Journal des Débats* 27 juillet. — Gabriel Charmes).

(2) La différence en moins, d'environ 22 millions, provient de ce que les frais de service télégraphique inscrits, actuellement au ministère des postes et télégraphes, étaient compris en 1876, dans le budget du ministère de l'intérieur. — Une subvention de 5,750,000 fr. pour les chemins vicinaux y figurait aussi : elle fait partie, aujourd'hui de l'un de ces comptes spéciaux si justement critiqués par MM. Germain et Chesnelong.

	1876	1885	Différence en plus.
Affaires étrangères	11,255,000	14,029,000	2,774,000
Instruction publique Beaux Arts et Cultes	97,189,000	194,322,000	97,133,000
Travaux publics	117,000,000	152,910,000	35.000,000
Agriculture et commerce	13,404,000	31,928,000	13,524,000

De ce tableau, écartons les 150 millions d'augmentation des budgets de la guerre et de la marine : la France s'est toujours patriotiquement imposé les plus lourds sacrifices pour une solide organisation militaire et elle veut croire qu'il en est toujours fait le meilleur emploi.

Mais c'est le droit de tout contribuable de demander compte de l'augmentation de 132 millions pour le ministère des Finances, des 97 millions donnés au ministère de l'Instruction publique, des 35 millions accordés au ministère des travaux publics, et des 13 millions dont les ministères de l'agriculture et du commerce ont été dotés.

Qu'avaient promis les candidats de 1876, de 1877 et de 1881 ? Ils s'étaient engagés à rechercher tous les moyens d'alléger les charges du pays, en faisant des économies et, par l'amortissement de la dette, à dégrever les impôts.

Loin de tenir cet engagement, les nouveaux venus arrivèrent au pouvoir, les mains pleines de programmes qu'ils avaient hâte d'exécuter. Ils voulurent que, du jour au lendemain, la France scolaire et industrielle fût transformée par le seul fait de la République ; ils ne tinrent aucun compte des ressources du pays ; ils cherchèrent à faire grand, en accomplissant en quelques années, l'œuvre d'un demi-siècle.

Les travaux publics attirèrent d'abord leur attention, et à la grande satisfaction de quelques députés qui, par la même opération, s'assurèrent de leur réélection et d'une place lucrative d'administrateur de Sociétés financières, le programme Freycinet apparut et fut acclamé. Proposé en 1878, il fut mis à exécution en 1879, et dès lors les excédants des budgets disparurent à jamais.....

En 1877, on avait dépensé pour les travaux publics

68 millions. On y consacra 108 millions en 1878, 195 millions en 1879, et dans cette même année, le *Journal officiel* du 31 décembre annonçait qu'on ne dépenserait pas moins de 300 millions en 1880, de 400 millions en 1881, de 500 millions chaque année, à partir de 1882.

On construisit des chemins de fer partout, même dans des régions privées de commerce et d'industrie ; on sillonna des landes, y compris les sables du Sénégal, de voies ferrées et on perça des montagnes à des prix fabuleux, pour n'y jamais faire des recettes qui puissent couvrir les dépenses du chauffage des locomotives.

En fin de compte, le résultat de ce grandiose programme se chiffrera par une dépense de plus de six milliards, sans augmentation appréciable de la richesse publique.

A côté du programme Freycinet vint se placer le plan de M. J. Ferry sur l'instruction publique.

Si l'instruction est nécessaire à tous les peuples, elle est devenue, je le reconnais, indispensable dans une démocratie comme la nôtre. Tout gouvernement sage et libéral doit s'efforcer de la répandre. Il y a plus de cinquante ans que la loi, à laquelle M. Guizot a attaché son nom, a valu à la monarchie de Juillet l'honneur d'avoir donné l'impulsion au développement de l'instruction primaire.

Mais, pour répandre davantage encore l'instruction, fallait-il donc substituer à certaines associations, comme les frères des Ecoles chrétiennes et les sœurs de Charité, des instituteurs laïques dont les charges sont plus lourdes, et dont la rémunération doit être, par conséquent, plus élevée ? Etait-il nécessaire d'ajouter à cette charge qui retombe sur les contribuables, celle, bien autrement considérable, qu'a entrainée la construction de ces petits monuments dont quelques-uns ont coûté plus de 20,000 francs dans de pauvres villages ? On semble ne s'être préoccupé que d'éblouir le suffrage universel, en rendant visible à tous la sollicitude du gouvernement pour l'instruction.

De la dotation de la caisse des Ecoles créée par la loi du 1er juin 1878, il ne reste plus rien. Cette malheureuse Caisse s'est changée en un tonneau des Danaïdes qu'il faut remplir sans cesse, par de nouveaux subsides.

Les municipalités, gagnées par la folie dont le gouvernement leur donnait l'exemple, affranchies du sage contrôle des plus haut imposés, se sont obérées, sans compter, pour obtenir les fonds que l'Etat se plait à gaspiller, à la grande satisfaction des architectes. Au 1er février de cette année la caisse des Ecoles avait distribué 277 millions de subventions et 534 millions d'avances : 622 millions faisaient défaut pour achever une si belle œuvre et la Chambre vient de les voter.

Ainsi donc, le programme Freycinet coûtera plus de six milliards ; le plan Ferry plus de quinze cents millions !

Ne nous arrêtons pas à la bagatelle des 13 millions d'augmentation des ministères de l'agriculture et du commerce. De 18 millions les crédits ont été portés à 31 millions, la dépense a presque doublé, parcequ'on a *dédoublé* le *ministère* ; l'avenir dira si l'agriculture et le commerce en deviendront plus prospères. Jusqu'à meilleure information, on peut croire que cette réforme aura pour principal résultat de multiplier les traitements, surtout les traitements élevés des états-majors des deux ministres.

L'industriel, dont le crédit périclite par suite de la stagnation des affaires, l'agriculteur qui souffre, par suite de l'avilissement des denrées, le commerçant, qui voit ses inventaires se solder sans bénéfices et souvent en perte, les ouvriers en quête du travail qui leur fait souvent défaut, savent-ils que la France consacre, chaque année, cent millions plus qu'autrefois, à nourrir les parasites du budget, et que le chapitre des pensions civiles, par suite des mises à la retraite, violentes et prématurées, de beaucoup de fonctionnaires, surtout de l'ordre judiciaire, s'est accrue depuis dix ans, de 14 millions ? — Trouvent-ils que les députés de la majorité républicaine, qui n'ont jamais laissé, depuis quatre ans, entrer un seul membre de la droite dans la commission du budget, aient bien géré leurs affaires et sauvegardé leurs intérêts ?— Pensent-ils que les finances de la France ne seront pas singulièrement compromises par une politique d'aventure, et un gaspillage financier, qui condamnent le pays à emprunter perpétuellement, sous toutes les formes?

En 1886, un emprunt de 1500 millions, peut-être de DEUX MILLIARDS est inévitable pour combler le déficit. Et pour mettre le budget en équilibre, nous n'échapperons pas à de nouveaux impôts. S'il n'en est pas question, dès cette année, c'est que nous entrons dans la période électorale.

L'ancien président du Conseil ne l'a pas dissimulé à la commission du budget.

Pauvres contribuables, seriez-vous assez naifs pour vous contenter des promesses qui vous seront renouvelées par ceux de vos mandataires qui, sciemment ou non, se sont faits les complices d'une telle politique et d'un tel désordre financier?

Au moment de déposer votre vote dans l'urne, ne l'oubliez pas, le déficit du budget ne saurait faire de doute qu'à ceux qui ne veulent ou ne peuvent y regarder : les chiffres sont irréfutables ; malgré les charges énormes qui vous accablent, et que chaque jour voit grossir, les dépenses restent infiniment supérieures aux recettes.

Pour cette année, si l'on additionne toutes les dépenses engagées, et pour lesquelles aucun crédit n'a été ouvert, et si l'on y ajoute les moins-values sur les recettes prévues, le déficit atteindra 600 millions! (1).

Vous savez bien à quoi s'expose un particulier, qui chaque année, dépense plus que son revenu. Imaginez-vous qu'un Etat, qui s'endette, à chaque exercice, de 200, 300 et 600 millions, ne s'achemine pas vers une catastrophe inévitable? Electeurs, vous qu'on a trompés, et qu'on cherche à tromper

---

(1) Je demande à ceux qui seraient disposés à croire que la passion politique a inspiré mes critiques du régime financier actuel, de lire le très remarquable discours prononcé, le 10 juillet, à la Chambre des députés, par l'honorable M. Germain. — Personne n'ignore qu'il a été l'un des fondateurs de la République et qu'il s'est rallié, sans arrière pensée, aux institutions actuelles ; chacun sait sa compétence et rend hommage à la netteté, à la précision de son esprit, comme homme d'affaires. Quelle appréciation fait-il de notre situation financière ? Il la résume ainsi : « Ce pays a connu, sous le régime actuel, les meilleures finances qu'il ait jamais eues, de 1871 à 1877 ; c'est un régime qui peut défier tous les régimes antérieurs. Malheureusement nous ne sommes plus dans la situation de cette époque et il faut y rentrer par la plus sévère économie. » Et pour y rentrer, ajouterai-je, il faut, si le pays ne veut pas courir les risques d'une ruine prochaine, que la République soit gouvernée dorénavant, comme à l'époque de sa prospérité financière, par les conservateurs, comme de 1871 à 1876.

encore, en vous menant au scrutin au cri de vive la République, oublierez-vous de demander enfin leur compte à ces mandataires infidèles qui vous promettent tout sans rien vous donner, rien que le déficit et la ruine ? Vous tenez le salut du pays en vos mains. Ne nommerez-vous pas enfin des députés probes, indépendants, économes, économes surtout ! C'est là, vous dirai-je, en citant une phrase d'une brochure de M. de Cormenin, la grande, l'impérieuse question du moment, celle qui intéresse toutes les opinions, parcequ'elle touche à toutes les fortunes. « S'il est vrai que vous manquiez encore du sens politique, et si vous ne savez guère où vont vos libertés, sachez du moins où va votre argent ! — Vous êtes avertis, allez. »

III

Ai-je dépeint avec des couleurs trop sombres la situation financière faite à la France par ceux qu'elle a investis de sa confiance, depuis bientôt dix ans ? Ai-je eu tort d'affirmer que le crédit public déjà atteint, serait compromis, si le gouvernail n'était pas confié à d'autres pilotes ? Serai-je accusé d'exagération en ajoutant que les contribuables, accablés d'impôts et inquiets du lendemain, restreignent leur consommation, que la production en souffre et se ralentit, que les valeurs mobilières sont dépréciées, que la terre, délaissée dans beaucoup de départements, a perdu, en revenu et en capital, plus du tiers de son prix d'il y a dix ans ?

Electeurs ! je le voudrais pour la fortune de mon

pays ; mais les faits parlent trop haut pour que vous ne les entendiez pas : qu'importe qu'on nie l'évidence, si vous voyez clair, enfin, dans la situation qu'on vous a faite. Votre vote sera le jugement de cette politique : il en sera, aussi, la seule sanction efficace. Gardez la République si cela vous convient ; mais renvoyez les républicains qui la discréditent et la déshonorent.

Veut-on une dernière démonstration ? J'attends la réponse de ceux qui voudront bien examiner le tableau suivant, fussent-ils au nombre de ceux qui répètent à l'envi, que tout est pour le mieux dans la meilleure des Républiques.

En 1876	Emission de 10 millions d'obligations trentenaires.
En 1878 et 1879	Emission de 440 millions de 3 °/o amortissable.
En 1879	Emprunt de 80 millions à la Banque de France.
En 1881	Emprunt public d'un milliard.
En 1882	Emprunt de 1200 millions.
En 1884	Emprunt de 350 millions.

Dans la même année emprunt indirect de 250 millions par la garantie donnée aux obligations émises par les Compagnies de Chemins de fer en vertu des conventions.

Total jusqu'à ce jour, 3,330,000,000 fr.

Si l'on ajoute les dépenses faites cette année, pour lesquelles aucune ressource n'a été affectée dans les divers budgets, ordinaire, extraordinaire ou spéciaux, quoiqu'elles fussent prévues et même effectuées en partie, la carte payée ou à payer par les contribuables après dix ans de règne de ceux que l'on qualifie de vrais républicains, atteindra tout au moins, cinq milliards ! !

En 1886, il conviendra d'ajouter aux 20 milliards de dette consolidée, 16 milliards en capital et intérêts d'engagements du Trésor, remboursables par annuités, jusqu'en 1960, sans compter un emprunt, dont il est impossible de déterminer le chiffre (1).

N'est-on donc pas en droit de dire qu'une dette aussi énorme, accrue sans cesse par les emprunts que nécessite le déficit annuel et jamais atténuée par un amortissement effectif, suffit à compromettre le crédit le plus solidement établi ?

J'ai parlé de la ruine de nos finances : après nos désastres et dans l'isolement absolu auquel la condamne la politique de ses hommes d'Etat à l'heure présente, la France ne survivrait pas à une telle crise. — Où trouverait-elle des ressources le jour où quelque conflit européen, tel qu'il est malheureusement permis d'en prévoir, exigera d'elle un suprême effort ? Qui peut espérer, malgré l'optimisme du prince de Bismark, que le siècle s'achèvera sans qu'une lutte redoutable vienne changer encore la carte de notre continent ?

Alors les sacrifices ne seront pas épargnés aux peuples, et les nations qui ne voudront pas cesser de garder leur rang parmi les puissances du vieux monde, ne devront ménager ni leur sang, ni leur argent.

Le monde musulman paraît en proie à une sourde agitation, grosse de menaces pour les puissances qui ont des intérêts en Asie et en Afrique. — Nous avons à garder l'Algérie.

La Chine a révélé dans sa lutte contre la France une force qu'on ne lui connaissait pas et qu'elle ignorait, elle-même. Ne deviendra-t-elle pas une redoutable voisine pour les imprudents protecteurs ou les téméraires conquérants de l'Extrême-Orient ? L'aventure du Tonkin nous a envoyés là, tout exprès, pour recevoir son premier choc ?

Et si, pendant que nous allons en pure perte, par je ne sais quelle coupable fantaisie, répandre le sang si précieux de nos enfants à Lang-Son ou à Hué, une grande guerre éclate en

(1) Pour m'assurer de l'exactitude de ces chiffres, je les soumettais, il y a moins d'un mois, au contrôle d'un homme dont la compétence en ces matières avait une autorité incontestée. M. Victor Bonnet, membre de l'Institut, m'écrivait, peu de jours avant sa mort, le 10 juillet : « Vos chiffres sont exacts et plutôt au-dessous qu'au dessus de la vérité ; le déficit est l'état normal du gouvernement actuel ; il ne pourra jamais faire d'économies et je crains que les recettes n'aillent en diminuant. »

Europe, que deviendra notre malheureux pays? (1) Pourra-t-il prendre part à la lutte, surpris en pleine crise financière, en pleine désorganisation militaire, en pleine anarchie politique?

Pour prendre part à la lutte, (et comment ne le ferait-il pas puisqu'il s'appelle encore la France) ne faut-il pas qu'il y entre fortement armé sous peine de s'exposer aux dernières catastrophes? Dans quel camp prendra-t-il place? Qui recherchera son alliance, s'il n'a ni armée solide, ni finances prospères à offrir à son allié. — Si bas qu'elle puisse tomber, sous le gouvernement de l'imprévoyance et de l'incapacité, la France ne pourrait cependant pas, abdiquant son rang et ses droits, voir, l'arme au pied, partager sous ses yeux, par les forts, les dépouilles des faibles, refaire la carte de l'Europe, attendant avec résignation, l'heure où elle deviendrait elle-même, la proie des haines et des ambitions, toujours inassouvies, malgré ses désastres de 1870-71.

IV

Le péril financier est-il le seul à redouter avec la politique actuelle.

Les 363 s'étaient engagés à fonder une République libérale, tranquille et bien gouvernée.

Comment ont-ils rempli leurs engagements?

---

(1) Quoique je sois en complet désaccord avec M. Clémenceau, sur la politique qu'il conviendrait de suivre à l'intérieur, je ne saurais trop applaudir à ce passage du discours qu'il prononçait le 30 juillet dernier, à la Chambre :

« Et c'est lorsque la mobilisation que l'on avait promis de ne pas compromettre est à ce point compromise, c'est à ce moment qu'on nous parle de Madagascar? C'est en ce moment qu'on cherche à faufiler à l'ordre du jour je ne sais quel projet sur Obock?

« Je dis, moi, que ce sont des folies s'entassant sur des folies, et je répète que c'est en France, que reste mon patriotisme.

A-t-elle été libérale la majorité parlementaire qui s'est associée par ses votes, à toutes les mesures attentatoires à la liberté de conscience ?

A-t-elle été libérale, en chassant Dieu de l'école et en la faisant *obligatoirement* laïque ; en tolérant et quelquefois en provoquant les manifestations les plus hostiles à la religion et à ses ministres ?

N'osant pas, ce qui cependant eût été plus digne, dénoncer le Concordat et prononcer la séparation de l'Eglise et de l'Etat, n'a-t-elle pas, par la radiation de divers chapitres du budget, fait, sourdement, la guerre à tous les cultes, entravé le recrutement du clergé et privé nos soldats malades et mourants, à quatre mille lieues de leur famille, des secours de la religion ? (1)

Ne vient-elle pas, inspirée uniquement par sa haine anti-religieuse, d'insérer dans la loi militaire, l'incorporation pour trois ans des séminaristes et l'obligation pour les ministres des cultes, de rester, même en temps de paix, dans la réserve de l'armée active ?

Les droits des citoyens ont-ils été, tout au moins plus respectés que ceux des pères de famille ? Qu'on en juge : des Français, car cette qualité ne se perd sans doute pas, parce que l'on porte un costume religieux, n'ont-ils pas été expulsés de leur domicile, par la force ? Et d'autres qui avaient conquis, l'épée à la main, pendant le gouvernement de la défense natio-

---

(1) Dans son rapport sur le budget des cultes, M. de Lanessan s'exprimait ainsi :

« L'administration supprime cinquante quatre vicaires dans les trois colonies de la Martinique, de la Guadeloupe et de la Réunion. Au traitement de 2,000 francs, cette suppression entrainera une économie de 108,000 fr. » Ainsi donc le gouvernement et la commission du budget suppriment d'un trait de plume un quart de tout le personnel ecclésiastique dans ces trois colonies. Ils ne suppriment pas de paroisses, mais ils rendent l'administration de ces paroisses impossible, en n'y maintenant pas le nombre de prêtres absolument indispensable. Le fameux cri de guerre : « le cléricalisme, voilà l'ennemi, » retentit au loin, et la guerre à la religion, comme l'a dit hier Mgr Freppel, devient un *article d'exportation*. Après la France l'Algérie, après l'Algérie les colonies. Cette odieuse mesure a été votée hier par la Chambre des députés malgré l'éloquente protestation de l'évêque d'Angers et les observations de M. de Mahy, qui ne peut être suspect en cette matière. Que dire de ce nouvel attentat ? La haine des sectaires ne connait plus de bornes. Aux honnêtes gens d'aviser.

nale, le droit de servir la France, n'ont-ils pas été dépouillés de leurs grades et exclus de l'armée? On a voulu, parait-il, leur faire expier le crime d'appartenir à une famille, à qui le pays doit sa grandeur dans les siècles passés, et, dans celui-ci, ses seules années de paix et de propérité.

Ont-ils été, enfin, fidèles à leur promesse de constituer une République libérale, les députés qui ont voté la loi de Juin 1883, qui a brisé la carrière de presque tous les magistrats, que révoltait l'arbitraire et la violence d'une politique sectaire?

L'ont-ils faite tranquille, leur République, ceux qui, par un ensemble de mesures qu'ils ont provoquées ou appuyées, ont semé dans tous les esprits ce sentiment inquiet que l'état de choses est précaire, qu'un changement des hommes que le suffrage universel a investis de sa confiance en 1877 et 1881, est nécessaire, si l'on veut échapper à la pire des révolutions? — N'ont-ils pas compromis la sécurité publique, lorsqu'ils ont laissé, un jour, tout au moins, apparaitre dans les rues, à côté du drapeau tricolore, cette loque rouge et noire, emblème sanglant de la plus coupable des insurrections?

N'ont-ils pas, souvent, autorisé ceux qui couvrent leurs attentats d'une couleur politique, à compter sur la plus dangereuse indulgence?

Les productions les plus immorales, dans lesquelles la nudité de l'image se marie avec l'obscénité du texte, n'ont-elles pas été imprimées et colportées en toute liberté?

Les attentats contre les personnes et contre les propriétés ne se sont-ils pas multipliés dans une effrayante proportion?

La notion de la justice ne s'est-elle pas affaiblie, pour faire place à de vagues et dangereux sophismes?

N'est-on pas en droit de redouter l'avenir, lorsque ceux qui ont pour mission de prévenir et de punir les attentats contre l'ordre social, ne se sentant pas soutenus par les pouvoirs publics, confessent leur lassitude et leur découragement?

Dans le banquet des drapiers, si je ne me trompe, Gambetta, en 1881, après avoir soutenu cette thèse, qu'en politique les transactions seules peuvent amener des résultats, ajoutait : « Faisons de la politique avec le bon sens moyen de la France. »

Ses disciples ont-ils conformé leurs actes à la formule du maitre ?

Où et quand ont-ils pratiqué cette politique de transaction ? Leur système n'a-t-il pas consisté à tout sacrifier, droits, principes, garanties, à leurs rancunes et à leurs ambitions de parti ?

De ce tableau exact de la situation intérieure de la France, quelle conclusion les hommes de bon sens devraient-ils tirer : c'est ce que je me propose d'examiner, aussi brièvement que possible.

V

Que demande la grande majorité des Français ? La paix intérieure et la paix extérieure, l'ordre matériel, le respect de leurs croyances, la sécurité de leurs personnes et de leurs biens. La forme du gouvernement, son nom, lui importent peu. Une crainte presque superstitieuse des changements et des troubles qu'ils entrainent, les amène par une pente naturelle, à accepter les faits accomplis. Mais, en revanche, ils réclament du gouvernement auquel ils se livrent, la garantie de cette tranquillité, pour laquelle ils sont disposés à tout sacrifier.

Quelle que soit son origine, un gouvernement qui donne à la France l'ordre et la paix, le repos matériel et moral, peut compter sur l'approbation de l'immense majorité ou, tout au moins, sur son adhésion tacite. Or, il n'y a pas de paix sans sécurité, comme il n'y a pas d'ordre sans justice et sans liberté.

Cette tranquilité existe-t-elle? La paix intérieure n'est-elle pas troublée? L'ordre matériel est-il assuré? La sécurité des personnes et des propriétés est-elle garantie? Les croyances les plus respectables ne sont-elles pas persécutées?

S'il en est ainsi, il est grand temps que les plus indifférents réfléchissent, avisent et agissent. Le sort de la France va se décider et non pas seulement pour une période de quatre ans. Si les députés, que le suffrage universel va élire, sont animés du même esprit que ceux qui ont été élus en 1877 et 1881, le mal qui peut encore se réparer aujourd'hui, deviendrait irrémédiable, et la France au lieu d'être simplement compromise, serait perdue. De tous les côtés, on se plaint; commerçants, industriels, agriculteurs, récriminent à l'envi, sur la stagnation des affaires et, non sans raison, ils en attribuent la cause principale à l'insécurité du lendemain. A quoi servent toutes ces récriminations, si des actes ne les suivent : il faut agir, c'est-à-dire voter. Electeurs, la loi n'a-t-elle pas mis dans vos mains l'instrument du salut?

Les indifférents et les *modérés* sont, il faut le dire, les vrais auteurs du mal dont chacun se plaint aujourd'hui. N'est-ce pas par leur abdication que s'est perpétué, depuis huit ans, le pouvoir d'une majorité qui n'a pour lien qu'une communauté d'appétits et de haines? Laisseront-ils cette majorité achever son œuvre néfaste ?

Les dernières élections, dans de nombreux cantons, répartis sur tous les points du territoire et surtout celle de l'amiral Véron, dans l'Ille-et-Vilaine, au lendemain de la publication des lettres de l'amiral Courbet (1) permettent d'espérer

---

(1) La plus importante est la lettre — du 7 mai 1885 — car elle critique le traité de Pékin qui venait d'être conclu et auquel les événements de Hué servent en ce moment de commentaire.

« Ayant tous les atouts en mains, nous sommes sur le point de conclure un traité qui sera certainement pénible pour la dignité nationale. Je ne parle pas de notre réputation en extrême Orient, réputation depuis longtemps compromise par M. J. Ferry.

« Je tire de bien tristes augures de tout cela. Lorsque la Chine nous aura cédé le Tonkin par traité, il faudra le conquérir et le defendre par les armes. Pendant bien des années on aura à inscrire au budget *cent cinquante millions*

que les conservateurs oubliant leurs divisions passées, iront aux urnes, s'appuyant loyalement les uns les autres, sachant au besoin, faire le sacrifice de leurs préférences personnelles. Il s'agit, en ce moment du salut de la société et de la sécurité de la patrie ; l'abstention pour je ne sais quel prétexte, serait la moins excusable des fautes. Que l'on soit ou que l'on ait été bonapartiste, républicain conservateur, partisan convaincu que la Monarchie parlementaire peut, seule, apporter un remède efficace aux maux de l'heure présente, il faut que tous les conservateurs sincères se tendent cordialement la main et s'unissent contre l'ennemi commun.

Il n'y a pas d'alliance plus légitime et plus honorable, puisqu'il s'agit de constituer une *ligue* conservatrice contre ceux qui ont compromis la sécurité intérieure et extérieure de la France.

N'est-elle pas, en tous cas, plus avouable que celle des prétendus modérés qui, pour assurer leur réélection recherchent l'appui de ceux dont le programme conduirait fatalement à l'anarchie politique et sociale ?

L'union patriotique entre tous ceux qui répudient la politique actuelle est le plus impérieux des devoirs ; cette politique est l'*ennemi* qu'il faut vaincre.

Ce n'est pas, on ne saurait trop le redire, sur la réforme de tels ou tels abus, sur un progrès des libertés publiques, ni surtout sur la forme du gouvernement, que le suffrage universel va être appelé à se prononcer : la question est autrement grave ; les institutions sociales actuelles, la sécurité extérieure et intérieure, sont l'enjeu de la lutte électorale qui s'ouvre dans peu de jours.

Quoi que puissent dire certains pessimistes sur le résultat probable des élections, les électeurs voient aujourd'hui ce

---

sous le titre « Dépenses du Tonkin », et dire qu'il ne se trouvera pas dans nos Chambres une majorité pour renverser cet homme sinistre auquel la France doit tous ces revers et ces humiliations.

« Excusez cette sortie. Mais cela vous montre à quel point je suis exaspéré de voir la manière dont sont gérées nos affaires.

« Si j'avais été en correspondance régulière avec vous, vous auriez vu que tout ceci était inévitable : depuis des mois, comme Cassandre, je n'ai cessé de le crier aux oreilles des ministres. »

qu'il en coûte d'abandonner le pouvoir à des ambitieux égoïstes et médiocres ; ils savent que, sans guerre déclarée (1) la puissance du pays peut être désorganisée et compromise ; que, sans désordres sanglants, l'ordre social peut être menacé ; que sans catastrophes violentes, les fortunes privées et la richesse publique peuvent être gravement atteintes ; il voudront contribuer à réparer le mal dont ils ont été, inconsciemment, les complices, en portant leur choix sur des candidats dont le programme se résume en ces mots — contrôle indépendant et sérieux des actes du gouvernement : respect de toutes les libertés : constitution d'un gouvernement vraiment parlementaire qui puisse mettre fin au désordre financier et à l'espèce de dictature anarchique des quatre dernières années.

VI

La politique suivie par ceux qui sont au pouvoir depuis 1877, n'a pas eu seulement pour résultat de porter atteinte au crédit public.

---

(1) Un article de la *Gazette de l'Allemagne du Nord* publié récemment, auquel selon moi, on a donné, du reste, plus de gravité qu'il ne convient, démontre, cependant, qu'en l'état actuel de l'Europe, l'obligation où l'on est d'enlever aux cadres de notre armée, des officiers, pour la formation d'un 3e régiment de tirailleurs tonkinois, est regrettable. — « Ne mettez pas, dit la *Gazette de Cologne* du 3 août, la patience du *Landwehrmann* allemand à de trop rudes épreuves : un beau jour il se fâchera pour de bon et il vous écrasera ». — Cet avertissement n'est pas chose négligeable, même à l'heure où le prince de Bismarck ne se propose pas de laisser rouvrir en Europe, de grandes complications extérieures.

En 1875, la balance du commerce donnait à la France un bénéfice de 344 millions. — (Les importations furent, en effet, de 3,536 millions et les exportations dépassèrent 3,870 millions.)

Depuis 1880, au *contraire*, le chiffre moyen des importations a été supérieur de plus d'un milliard à celui des exportations. Il en résulte nécessairement pour la France, chaque année une perte énorme de numéraire.

Ce drainage annuel de notre argent ne finira-t-il pas, par la force des choses, par diminuer singulièrement la prospérité du pays en portant un coup funeste à l'agriculture, à l'industrie, au commerce, plongés, déjà, dans un état de langueur alarmant ?

Cette situation précaire de la production nationale, au triple point de vue agricole, industriel et national, s'explique du reste, aisément.

En dehors des causes spéciales à l'agriculture que j'ai exposées lors de la discussion relative à l'élévation des droits d'entrée sur les céréales et les bestiaux, il suffit de réfléchir un instant pour reconnaître que les liens les plus étroits existent entre la politique d'un gouvernement, son administration financière, ses lois économiques, et par suite sa richesse. Aussi doit-on chercher principalement dans la direction imprudente imprimée aux affaires publiques, la cause de ce malaise dont tout le monde se plaint. — Si la concurrence étrangère est, aujourd'hui, redoutable, c'est parce que les charges énormes, qui pèsent sur notre production, l'accablent et la mettent hors d'état de réaliser les perfectionnements, les améliorations qui lui permettraient de soutenir la lutte ; c'est aussi parce que l'incertitude du lendemain, l'instabilité du gouvernement, la menace toujours imminente de complications ou de violences nouvelles, détruisent la confiance et troublent la sécurité, dont le travail ne peut se passer.

Il suffit qu'une branche quelconque de la production soit atteinte pour que le coup réagisse sur les autres. Qui pourrait nier que la crise agricole intense que nous traversons, n'influe sur la stagnation des affaires industrielles et commerciales ? N'est-ce pas la population éparpillée loin des villes, qui, représentant plus des deux tiers de la nation, offre à l'industrie, son débouché le plus important ? Lorsque les produits de la terre ne fournissent plus aux cultivateurs une rémunération suffisante, par suite de l'avilissement du prix de leurs produits; lorque les fermages, quoique diminués, ne sont plus acquittés ; lorsque le sol ne fournit plus que des revenus frappés d'une effrayante dépréciation, l'industrie est nécessairement condamnée à suspendre en grande partie sa production. Les industriels, ne retrouvant plus dans leurs opérations, l'intérêt des capitaux souvent considérables qu'ils ont accumulés dans leurs établissements, arrivent rapidement à cet état de gêne où ils entrainent avec eux les commerçants, que le hasard des affaires avait liés à leur sort. — Les catastrophes trop fréquentes malheureusement, mais inévitables, effraient les détenteurs de capitaux, chez qui la situation politique avait, déjà, détruit toute confiance, et plus d'une entreprise utile succombe, faute de trouver le concours qui, en des temps plus calmes et avec une politique meilleure, ne lui aurait pas fait défaut.

Et quelles sont les premières victimes d'un tel état de choses ? Ce sont les ouvriers, dont les plus favorisés ne reçoivent plus qu'un salaire insuffisant et dont beaucoup, hélas ! se trouvent, du jour au lendemain, sans travail et sans ressources. Finiront-ils par comprendre que ceux qui n'ont jamais flatté leurs passions, qui ne leur ont jamais fait une promesse sans la savoir réalisable et sans la tenir, qui se sont toujours empressés d'écouter leurs doléances et d'y remédier dans la mesure possible, sont seuls dignes de leur confiance ; qu'ils doivent au contraire se méfier de ces politiciens qui, sous prétexte de s'intéresser à leur sort, leur promettent de prétendues réformes fiscales, comme l'établissement de l'impôt progressif, dont l'inévitable résultat serait l'égalité dans la misère !

A ceux qui, sous le prétexte d'assurer aux ouvriers un meilleur sort, ajoutent que cette amélioration ne saurait être obtenue que par le renversement des principes sur lesquels les sociétés ont toujours été fondés, — les croyances religieuses — la propriété — la famille — opposons hautement ces paroles que Franklin, un ouvrier qui fut un grand philosophe et un grand homme d'Etat, disait à ses concitoyens, et ceux là, ne l'oublions pas, ont su fonder une République économe et puissante. « Si quelqu'un vous dit que vous pouvez vous enrichir autrement que par le travail et l'économie, ne l'écoutez pas, c'est un *empoisonneur.* »

CONCLUSION

Le moment est venu de conclure. Le dimanche 1 octobre entre 7 heures du matin et 6 heures du soir, la France décidera de son sort.

Aucun citoyen, digne de ce nom, ne peut se désintéresser du résultat de cette lutte suprême : l'abstention ne serait pas seulement une faute, mais un crime.

La question que le suffrage universel est appelé à résoudre, est fort simple : il n'est pas appelé à se prononcer sur la forme de gouvernement ; il lui appartient, uniquement, de dire s'il trouve ou non que les affaires de la France ont été, bien ou mal, gérées par les députés qu'il a élus, le 21 août 1881.

S'il trouve que ses mandataires ont, en somme, sauvegardé ses intérêts, qu'ils n'ont commis aucune faute lourde, qu'aucun reproche grave ne saurait leur être adressé légitimement, il doit les conserver.

Si, au contraire, la politique intérieure du gouvernement et ses aventures coloniales l'inquiètent ; s'il désapprouve cette guerre implacable, poursuivie, non-seulement contre le clergé catholique, mais contre toutes les idées religieuses; s'il considère que les divers cabinets et la majorité qui s'est rendue complice de leurs actes, n'ont cessé de pactiser, si ce n'est avec les fauteurs actuels des désordres matériels, avec ceux du moins qui les ont inspirés et dirigés autrefois; s'il pense que cette politique de laissez faire et de laissez passer, ne peut amener que de funestes résultats; s'il juge que la République conservatrice, telle que la lui recommandait Thiers, est déjà dans le lointain et que la République qui fait banqueroute et qui prend pour livrée la couleur du sang, s'aperçoit à l'horizon, que lui reste-t-il à faire?

Changer les hommes auxquels il a donné sa confiance depuis dix ans et porter ses choix sur ceux qu'il sait, par leur passé politique et surtout par l'indépendance et la fermeté du caractère, résolus, en exerçant un contrôle efficace sur les actes des ministres, à empêcher que le gouvernement soit ou devienne l'esclave du désordre moral et matériel.

A quoi bon diront, peut être, quelques faux sages, avoir élevé une voix, qui, avec l'indifférence actuelle, ne saurait être entendue? Je répondrai par ce passage d'une brochure que P. Paradol publiait en 1860: « C'est d'abord pour le soulagement de notre propre conscience, pour que la prescription ne puisse pas s'établir, pour qu'il ne soit pas possible, un jour de transformer le silence universel en universel découragement. C'est encore parce qu'il n'est pas permis de justifier son inaction par la difficulté de sa tâche; c'est parce que dans ce monde, où tout change, à toute heure, nul ne peut prévoir l'effet de sa parole; c'est parce que la destinée, à qui tout est bon, emploie parfois des forces qui s'ignorent elles-mêmes, et peut emprunter le secours d'un grain de sable, pour détourner brusquement le cours des choses; c'est enfin parce que, dans de semblables entreprises, le succès n'est pas, après tout, ce qui importe le plus et que celui qui s'y dévoue tout entier trouve en lui-même sa récompense.... Soyez-en donc persuadé, cher lecteur, c'est pour vous plutôt que pour nous, que nous souhaitons ardemment de vous convaincre. »

www.ingramcontent.com/pod-product-compliance
Lightning Source LLC
LaVergne TN
LVHW020301230826
846091LV00006B/2492
9782013655699